LAS MISIONES DE CALIFORNIA

La Misión de San Luis Rey de Francia

JEANNETTE BUCKLEY

TRADUCIDO POR CHRISTINA GREEN

Cavendish Square
New York

Published in 2016 by Cavendish Square Publishing, LLC
243 5th Avenue, Suite 136, New York, NY 10016

First Edition

CPSIA Compliance Information: Batch #WS14CSQ

Library of Congress Cataloging-in-Publication Data

Buckley, Jeannette.
La Misión de San Luis Rey de Francia / Jeannette Buckley, translated by Christina Green.
pages cm. — (Las misiones de California)
Includes index.
ISBN 978-1-5026-1182-6 (hardcover) ISBN 978-1-5026-1192-5 (paperback) ISBN 978-1-5026-1169-7 (ebook)
1. San Luis Rey Mission (Calif.)—History—Juvenile literature. 2. Spanish mission buildings—California—Oceanside—History—Juvenile literature. 3. Franciscans—California—Oceanside—History—Juvenile literature. 4. California—History—To 1846—Juvenile literature. 5. Luiseño Indians—Missions—California—Oceanside—History—Juvenile literature. I. Title.

F869.S397B83 2015
979.4'98—dc23

Editorial Director, Spanish: Nathalie Beullens-Maoui
Translator: Christina Green
Editor, Spanish: Maria Cristina Brusca
Art Director: Jeffrey Talbot
Designer: Douglas Brooks
Photo Researcher: J8 Media
Production Manager: Jennifer Ryder-Talbot
Production Editor: David McNamara

The photographs in this book are used by permission and through the courtesy of: Cover photo by Bernard Gagnon/File:Mission San Luis Rey de Francia 01.jpg/Wikimedia Commons; Richard Cummins/Lonely Planet Images/Getty Images, 1; Richard Cummins/SuperStock, 4; Kara Jade Quan-Montgomery/Shutterstock.com, 6; Courtesy CMRC, 7; © Laura Embry/ZUMA Press, 8–9; © ZUMA Press, Inc./Alamy, 10; © ZUMA Press, Inc./Alamy, 11; SSPL via Getty Images, 12; © 2014 Pentacle Press, 13; Almonroth/File:Mission Dolores-29.jpg/Wikimedia Commons, 14; © Charlie Neuman/ZUMA Press, 15; © Pentacle Press, 17; Christian Jörgensen/Mission San Luis Rey de Francia/Bancroft Library, 20; © MCLA Collection/Alamy, 22; © GIPhotoStock/Alamy, 23; © Pentacle Press, 25; Richard Cummins/Robert Harding World Imagery/Getty Images, 29; © Pentacle Press, 30; © Pentacle Press, 32–33; Richard Cummins/Lonely Planet Images/Getty Images, 34; Bernard Gagnon/File:Mission San Luis Rey de Francia 01.jpg/Wikimedia Commons, 41.

Printed in the United States of America

Contenido

La Misión de San Luis Rey de Francia, conocida como "el rey de las misiones" lleva el nombre del rey Luis IX, quien fue educado por los franciscanos y murió durante las Cruzadas en el siglo XIII.

1
Descubriendo el nuevo mundo

EL REY DE LAS MISIONES

Las afueras de Oceanside, California, son un refugio de paz. Aquí, un campanario blanco se extiende hacia el cielo azul. Este apacible santuario es la sede de la Misión de San Luis Rey de Francia. Se conoce como "el rey de las misiones" y fue fundada en el siglo XVIII por *frailes* y soldados españoles; y construida por miembros de la tribu *luiseña*. De principios humildes, la misión se erigió y se ha mantenido en pie durante siglos, lo que la ha convertido en un símbolo de la importante historia de California.

LA LLEGADA DE LOS ESPAÑOLES A AMÉRICA

Aunque la Misión de San Luis Rey de Francia no fue fundada sino hasta 1798, su historia comenzó mucho antes. En 1493, Cristóbal Colón llevó a España noticias de su descubrimiento de la tierra que hoy llamamos América. Los europeos nunca habían estado allí; y decidieron explorar más el continente con la esperanza de descubrir oro, grandes ciudades que conquistar y una ruta de comercio más expedita para llegar a Asia.

En 1521, un explorador español, llamado Hernán Cortés, conquistó para España el grandioso Imperio azteca, al que le dio el nombre de Nueva España, conocido en la actualidad como México; y conformó

Cabrillo fue un explorador que vino al Nuevo Mundo a reivindicar tierras para España.

un gobierno liderado por un **virrey**, quien actuaría en nombre del rey de España. En 1542, el virrey Mendoza de Nueva España envió a un explorador, llamado Juan Rodríguez Cabrillo, para que buscara un río que comunicara los océanos Atlántico y Pacífico. Esta ruta fluvial permitiría llegar fácilmente a Asia.

Cabrillo no halló tal río, sino que encontró la bahía que ahora se conoce como la bahía de San Diego; y compartió con entusiasmo esta información a su retorno a Nueva España. No obstante, debido a que Cabrillo no había encontrado riquezas, el virrey consideró que no valía la pena destinar dinero y realizar esfuerzos enviando más barcos allí. Los españoles no regresaron al lugar llamado *Alta* California durante muchos años.

Finalmente, otros europeos exploraron Alta California, incluso los rusos, quienes estuvieron muy interesados en asentarse allí. Cuando los españoles lo supieron, decidieron enviar pobladores a la zona a fin de conservar la tierra que habían reivindicado. El 7 de enero de 1769, el primero de tres barcos zarpó hacia la bahía de San Diego, el lugar que Cabrillo había hallado más de 200 años antes. Cuatro meses más tarde, el 15 de mayo, un grupo de hombres emprendió su viaje a caballo, por tierra, para encontrarse con los barcos. Los primeros colonos españoles habían llegado a Alta California.

2
Los *luiseños*

LA VIDA ANTES DE LAS MISIONES

Los nativos habían vivido en Alta California durante miles de años; cada grupo, o tribu, vivía en un espacio determinado de tierra, llamado territorio, y tenía su propio idioma, creencias y costumbres. Los españoles llamaron *luiseños* a quienes vivían en la zona cercana a la Misión de San Luis. Antes de la llegada de los españoles, la civilización *luiseña* había prosperado; pero la colonización de California por España cambiaría la vida de los *luiseños* para siempre.

La cultura *luiseña* estaba profundamente arraigada en la naturaleza, al igual que la de otros nativos californianos. Sus casas estaban hechas de ramas de árboles, arqueadas y cubiertas con lodo; y cocinaban a la intemperie. Los hombres andaban desnudos o usaban poca ropa; y las mujeres usaban delantales que se ataban alrededor de la cintura y tenían secciones que colgaban por delante y por detrás. Los *luiseños* fabricaban sandalias de fibra de yuca y las usaban para los viajes largos. Cuando hacía frío, todos usaban capas hechas de pieles de animales para abrigarse.

Muchos nativos vivieron en comunidades florecientes.

EN BUSCA DE ALIMENTOS

Los hombres, como cazadores principales, eran quienes tenían la responsabilidad de buscar los alimentos para sus familias y los otros miembros de la tribu. Usaban arcos y flechas de madera que encordaban con una cuerda de tejido de lino o cáñamo. Las puntas de flecha se hacían de piedras duras cortadas para formar una punta afilada. Se colocaban plumas en la parte posterior de las flechas para hacer que volaran derechas hasta su objetivo. Los *luiseños* comían la carne de los animales que cazaban, y usaban las pieles y plumas como ropa y ornamento.

Los hombres *luiseños* también pescaban para alimentarse. Construían botes de madera, similares a las canoas, llamados *pauhits,* que usaban para pescar y transportarse. Atrapaban peces con lanzas o con redes que hacían de cuerdas tejidas a mano.

Los *luiseños* respetaban la naturaleza y usaban los recursos que hallaban en los alrededores para fabricar herramientas y cazar.

LA COCINA *LUISEÑA*

Las mujeres de la tribu preparaban las comidas de las familias; y recolectaban semillas, hierbas, bellotas y otra bayas para comer.

Las bellotas, un alimento básico de la dieta *luiseña*, se usaban para hacer *porridge* (gachas) y panes. Las mujeres *luiseñas* tumbaban las bellotas de las ramas de los robles con largas varas, las recolectaban en cestas y luego las esparcían para secarlas al sol. Las bellotas contienen un ácido amargo y no se pueden comer sin procesarlas. Las mujeres las molían con dos piedras, llamadas mortero, y luego vertían agua hirviendo diez veces sobre las bellotas molidas. Este proceso retiraba el ácido y dejaba listas las bellotas para cocinar.

Aún existen las pinturas en cuevas y piedras hechas por los *luiseños*.

LA JUVENTUD *LUISEÑA*

Los chicos y chicas *luiseños* aprendían de sus padres y otros miembros de la tribu. Una vez que tenían suficiente edad para compartir las responsabilidades de su tribu, como cazar, recolectar o cuidar a los miembros más chicos de la familia, asumían algunas de estas importantes labores.

ARTESANOS DIESTROS

Los *luiseños* pintaban en las rocas y las paredes de las cuevas cercanas. Las pinturas que usaban eran mezclas de bayas trituradas, arcillas y hierbas secas. Usando varas como pinceles, creaban pinturas de la vida que les rodeaba.

Hacían hermosos collares y brazaletes de conchas y piedras que hallaban en la playa. También usaban plumas para adornarse.

ESPIRITUALIDAD

Los *luiseños* creían en un solo dios llamado Chinigchinish, quien velaba por ellos y los castigaba o recompensaba por sus acciones. Creían también en la vida después de la muerte, donde serían recompensados por haber llevado una buena vida o castigados por una mala.

Los *luiseños* llevaban a cabo ceremonias en una edificación llamada *wamkish,* donde celebraban los nacimientos, muertes y la transición de los niños a la adultez. Los miembros de la tribu se reunían en un wamkish para cantar y bailar. La pacífica comunidad *luiseña* prosperó por centenares de años, antes de la llegada de los españoles.

Sus descendientes mantienen antiguas tradiciones y costumbres todos los años.

3
El sistema de misiones

LA VISIÓN EUROPEA DEL MUNDO

Cuando los españoles establecieron Nueva España, se dieron cuenta de que la colonización de la zona iba a ser más sencilla si creaban misiones, donde líderes religiosos pudiesen enseñar a los **indígenas** el **cristianismo** y la cultura española. Al convertir a los nativos californianos en ciudadanos españoles, se prepararía el terreno para que viniesen otros pobladores. La mayoría de los europeos no valoraba la diversidad cultural en ese momento de la historia. Creían que su religión y su manera de vivir eran superiores a las de los nativos de California, y que debían ayudar a estos últimos a ser más "civilizados". También creyeron que les podrían quitar sus tierras a los indígenas.

Los europeos trajeron muchas ideas y enfermedades nuevas al Nuevo Mundo.

Hoy, sabemos que todas las culturas son importantes y

deben respetarse. Aunque los españoles pudieron haber creído en ese entonces que estaban ayudando a los nativos de California, la colonización europea del continente americano cambió drásticamente el curso de civilizaciones completas al traer enfermedades que acabaron con comunidades enteras; y al construir misiones que amenazaron la forma de vida de los nativos.

Para hacer que el territorio, que recién habían conquistado, fuese realmente español debía poblarse con españoles. No había muchos españoles que desearan ir al llamado Nuevo Mundo; por eso el Gobierno envió misioneros a incentivar a los nativos de California a hacerse ciudadanos españoles. Había dos sistemas de misiones: uno, iniciado mucho antes, estaba en *Baja* California; y el otro, en Alta

Las Misiones, los Presidios y los Pueblos históricos de California

California.

Los frailes **franciscanos** y el ejército español iniciaron las misiones de Alta California. Viajaban juntos hasta los lugares donde se construirían los asentamientos. Los frailes **convertirían** a los nativos al cristianismo; mientras que los soldados habían sido enviados allí para proteger a los frailes y dirigir a los trabajadores que construirían la misión y un *presidio,* o fuerte, en las cercanías. Se construyeron cuatro fuertes a lo largo de la costa.

LAS MISIONES EN ALTA CALIFORNIA

Entre 1769 y 1823, los españoles construyeron misiones en Alta California. Se eligió el área costera para construir la mayoría de las misiones por su proximidad a muchas tribus nativas, así como por su suelo rico para sembrar cultivos y alimentar el ganado; además, por estar cerca del océano para la pesca.

La primera misión, San Diego de Alcalá, fue establecida por el presidente de las misiones fray Junípero Serra en 1769. Para el momento de la fundación de la Misión de San Luis Rey de Francia, en 1798, fray Serra había muerto y su sucesor, fray Fermín Francisco de Lasuén, había asumido el control. La Misión de San Luis Rey de Francia se convirtió en una de las más exitosas del sistema de misiones de Alta California.

Fray Junípero Serra fue el primer líder de las misiones de Alta California.

4
El inicio de la misión

ELECCIÓN DEL LUGAR

Aunque la Misión de San Luis Rey de Francia no fue fundada hasta 1798, el área donde se estableció había sido recomendada como el sitio adecuado casi treinta años antes.

En 1769, fray Juan Crespí, uno de los primeros frailes españoles en llegar a California desde Nueva España, acompañó al explorador Gaspar de Portolá y a fray Serra en una expedición para establecer bases y misiones desde San Diego hasta Monterrey. Llegaron a un valle verde distante cinco millas (8 kilómetros) al este del océano Pacífico. Maravillado por la belleza de la tierra, fray Crespí decidió que se trataba de un regalo de Dios y lo recomendó como el lugar para construir una misión.

El hermoso paisaje del valle convenció a los frailes de construir algún día una misión allí.

Muchos años más tarde, después de que fray Serra había muerto, su sucesor, fray Lasuén, sugirió construir una misión en el área que fray Crespí había visto. Para ese momento, la Misión de San Juan Capistrano estaba en el Norte de este valle y la Misión de San Diego de Alcalá se encontraba en el Sur. Había muchas aldeas de nativos de California entre estas dos misiones. Quienes viajaban entre las misiones existentes sentían que era inseguro porque tomaba más de un día llegar; y los españoles temían que los indígenas los atacaran.

El gobernador de Alta California, Diego de Borica, estuvo de acuerdo con fray Lasuén en que debía fundarse una misión entre las dos ya existentes para brindar a los viajeros españoles un punto de parada seguro. El 27 de febrero de 1798, el Gobierno español envió a los soldados del presidio de San Diego para que ayudaran a construir viviendas provisionales en el sitio que habían elegido para la misión. Las viviendas estuvieron listas cuando fray Lasuén inauguró el sitio, el 13 de junio de 1798.

FUNDACIÓN DE LA MISIÓN

La ceremonia de inauguración de la Misión de San Luis Rey de Francia fue conducida por fray Lasuén, quien había hecho el viaje desde la sede central de las misiones en San Carlos Borromeo. Como testigos de la ceremonia se encontraban allí fray Antonio Peyrí, quien había llegado a vivir en la misión para convertir a los nativos; el capitán Antonio Grajera y sus soldados del presidio de San Diego; fray Juan Santiago de la Misión de San Juan Capistrano y algunos de sus neófitos, nativos que se habían convertido al cristianismo; y muchos *luiseños* de aldeas próximas, quienes sentían curiosidad de ver el acontecimiento. Algunos nativos ya conocían las misiones de otras partes de Alta California; y aquellos que se reunieron allí estaban por presenciar de primera mano lo que significaría una misión en su territorio.

El capitán Grajera anunció a la multitud que tomaba la tierra "para la Corona", lo que significaba que estaba tomando la tierra para el

Antes de que una persona pudiera unirse a la misión, un fraile tenía que bautizarla en la fe cristiana.

rey de España y, por ende, ahora pertenecía al Gobierno español. Fray Lasuén colocó una cruz en el suelo y roció agua bendita a su alrededor, marcándolo así como un lugar sagrado. Fray Lasuén ofreció una misa, o ceremonia religiosa católica, y dio un sermón.

Después de la ceremonia inaugural, fray Lasuén bautizó a veintinueve niñas *luiseñas* y veinticinco niños *luiseños*. El bautismo es una ceremonia mediante la cual una persona se convierte en cristiana. En la fe católica, por lo general se **bautiza** a los niños de pequeños, o en cuanto nacen. Además de los niños, diecinueve adultos *luiseños* también pidieron ser bautizados después de la ceremonia inaugural, pero fray Lasuén les dijo que debían esperar y aprender más sobre la religión católica. Debido a que los adultos habían crecido creyendo en la religión *luiseña*, fray Lasuén consideraba que los indígenas debían conocer el **catolicismo** antes de ser bautizados. Los niños eran pequeños; así que fray Lasuén los bautizó primero para que pudieran crecer como cristianos en la misión.

Debido a que fray Lasuén estaba en Alta California para convertir a tantos nativos como fuese posible, debió de haberse sentido satisfecho con su éxito inicial. Los misioneros ya tenían muchas personas que deseaban vivir con ellos en la Misión de San Luis Rey de Francia, pese a que era apenas el primer día.

LOS PRIMEROS FRAILES

Después de fundar la Misión de San Luis Rey de Francia, fray Lasuén permaneció allí durante seis semanas para ayudar a fray Peyrí, quien sería el fraile superior de la misión una vez que fray Lasuén se fuera. Los dos decidieron cuál sería la disposición de la misión y de su área adyacente; así que planearon el sitio donde se plantarían cereales, y donde se construirían la iglesia y las habitaciones de los frailes. Poco después, llegó fray José Faura a la misión, para ayudar a fray Peyrí. Fray Faura les enseñaba a los *luiseños* el español y la religión católica, y supervisaba los trabajos al aire libre.

5 Los primeros días en la misión

UN LUGAR IDEAL

Los primeros años en la Misión de San Luis Rey de Francia fueron muy prósperos gracias, en gran parte, a su ubicación y a los esfuerzos inagotables de fray Peyrí.

Al igual que todos los sitios de las misiones, el de la Misión de San Luis Rey de Francia fue seleccionado porque contaba con tres elementos importantes: un suelo fértil para sembrar cultivos, una fuente disponible de agua y una población cercana de nativos, quienes podrían convertirse al cristianismo y hacerse ciudadanos españoles.

INICIOS HUMILDES

Fray Peyrí y fray Faura comenzaron su misión con solo doce arados, seis palancas, picos, algunas mantas y tela para hacer ropa para los neófitos. Según los frailes, los neófitos debían usar vestimenta más adecuada. Se enviaron alimentos y ganado de misiones cercanas para ayudar a los frailes a empezar. Los frailes incentivaron a los *luiseños* a trabajar por la misión dándoles alimentos y mantas a cambio de su trabajo. Muchos de los trabajadores también se convirtieron en neófitos y se unieron a la misión. Los frailes les enseñarían a los *luiseños* todo lo que debían saber para llegar a ser prósperos constructores, agricultores y fabricantes de ropa.

La Misión de San Luis Rey de Francia fue el tema de muchos cuadros, como este hecho por Christian Jörgensen.

A su llegada, los misioneros y soldados españoles construyeron chozas provisionales tan rápido como pudieron. Esas viviendas fueron construidas principalmente de palos y lodo; y debían durar solo hasta que estuviesen listas las estructuras permanentes. Para la construcción, se enterraban ramas en el suelo para formar la estructura de las paredes. Luego, se aplicaba arcilla entre los palos para hacer que las paredes fuesen más resistentes y para rellenar cualquier orificio que permitiese el paso del viento o la lluvia. Los techos se hacían de palos, lodo y juncos, como el tule, que se hallaban en las riberas de los ríos cercanos. Junto con este primer grupo de edificaciones provisionales de la misión, los misioneros construyeron una capilla de los mismos materiales.

ESTRUCTURAS RESISTENTES

Una vez que se habían construido las viviendas provisionales, los misioneros españoles pudieron empezar a pensar en todas las cosas que necesitarían a fin de crear una comunidad próspera y permanente en la misión.

Las edificaciones permanentes que ahora conforman la Misión de San Luis Rey de Francia tomaron años para construirse. Fray Peyrí, también un arquitecto diestro, creó el diseño que fue exclusivo de la misión. Las paredes estaban hechas de ladrillos de adobe. De otras misiones llegaron albañiles y artesanos para enseñar a los *luiseños* a hacer **adobe** de una mezcla de lodo, paja y agua. Esta mezcla se colocaba en moldes de madera rectangulares y se dejaba secar al sol. Una vez secos, los ladrillos se retiraban de los moldes y se almacenaban para usarlos posteriormente. El 1 de julio de 1798, menos de un mes después de la fundación de la misión, se habían fabricado mil ladrillos de adobe para el primer edificio, la iglesia, que se finalizó ese mismo año y sirvió a la comunidad hasta 1802.

UN INICIO PRODUCTIVO

La vida en la Misión de San Luis Rey de Francia siguió siendo agitada y productiva. El 29 de agosto de 1798, fray Lasuén le informó al gobernador Borica que, en la Misión de San Luis Rey de Francia, se habían bautizado 147 *luiseños*; y que los frailes habían casado a veintiocho parejas según ceremonias cristianas. El trabajo marchaba bien y tres habitaciones del complejo de la misión ya estaban terminadas.

Los trabajos continuaron a un ritmo constante. En 1798, se habían terminado las paredes de las habitaciones de los frailes y de los **cuarteles** de los soldados; y los techos se habían hecho de juncos tejidos y lodo. Se hicieron más ladrillos de adobe para el patio interior, un cuadrángulo central, alrededor del cual se levantaron las edificaciones principales. Las paredes del *monjerío,* o dependencias para las mujeres solteras y las chicas, se habían terminado; pero las fuertes lluvias habían impedido que se construyera el techo.

Alrededor de 1800, fray Peyrí permitió que se construyeran, en una pradera a pocas millas de allí, misiones hermanas más pequeñas, llamadas *asistencias;* y también aldeas, llamadas *rancherías.* Construidas por y para los neófitos, retenían el ganado, tenían sus propias iglesias y eran dirigidas por otros frailes. Una de las asistencias de San Luis Rey de Francia aún existe en la actualidad. Se llama Misión de Pala y todavía sirve a la comunidad nativa local. Después de convertirse al cristianismo, algunos *luiseños* permanecieron en la misión; mientras que otros retornaron a sus aldeas, las cuales finalmente se convirtieron en rancherías repletas de nativos conversos.

Al final de 1798, el primer año de la misión, ya 214 neófitos vivían allí. Los líderes de las otras misiones donaron muchos animales. El ganado de la misión era 162 vacas y toros, 600 ovejas, 28 caballos y 10 mulas. San Luis Rey de Francia ya estaba lista para iniciar productivamente la agricultura y la cría de animales.

Con el tiempo, la misión creció hasta llegar a ser una de las más exitosas.

6
La vida diaria

UN DÍA TÍPICO

La Misión de San Luis Rey de Francia estaba todos los días repleta de actividad. La comunidad mantenía un horario estricto de oración y trabajo. Las campanas sonaban al amanecer para despertar a los neófitos que vivían en el monjerío o en viviendas de adobe fuera de los muros de la misión. Una vez despiertos, todos se reunían en la iglesia para las oraciones matutinas y oír misa. Después, los frailes impartían clases de religión católica a los neófitos. Luego, todos tomaban el desayuno que, por lo general, era una sopa espesa de maíz llamada *atole*.

Esta es una de las cuatro campanas de la misión actual.

Después de la comida matutina, todos los misioneros, soldados y neófitos iban a trabajar o a clases. Al medidía se reunían de nuevo para almorzar, por lo general, *pozole* un guiso de vegetales, granos y carne. Después del almuerzo, se tomaba una *siesta,* o período de descanso, hasta las 2 p. m. Luego, todos regresaban a trabajar hasta el atardecer.

Solo después de la última comida, los neófitos tenían tiempo libre, durante el cual bailaban, tocaban instrumentos, jugaban y conversaban. No obstante, se les prohibía practicar cualquier tradición nativa o creencia religiosa. Generalmente, las mujeres se iban a dormir a las 8 p. m., mientras que los hombres lo hacían a las 9 p. m.

Esta rutina estricta aseguraba que la comunidad de la misión fuera productiva. Las personas siempre estaban ocupadas haciendo diversos trabajos: cosechando cultivos, reparando paredes, haciendo ropa, enseñando a los niños y ayudando a los enfermos.

EDUCACIÓN

La educación de los neófitos de la Misión de San Luis Rey de Francia tenía dos objetivos. Uno era enseñarles un oficio o arte que fuese de utilidad para la misión, como el curtido de pieles, herrería, tejido, agricultura o cocina. En algunas ocasiones, personas ajenas a la misión, como los curtidores y herreros, eran quienes enseñaban estos oficios. El otro objetivo era enseñarles la religión católica, y el idioma y cultura españoles. Los frailes supervisaban personalmente el estudio diario de la Biblia y otras creencias católicas .

TAREAS

Se asignaban diferentes tareas a los hombres y mujeres. Estas últimas se encargaban de tejer, lavar ropa, cocinar y limpiar. Los hombres se ocupaban de los cultivos de árboles frutales, uvas, trigo, cebada y maíz usando arados de madera para arar la tierra y plantar sus alimentos. En 1830, se plantó el primer árbol de pimienta en la misión.

Los neófitos también criaban reses para producir carne y cuero; ovejas, por su carne y lana; y cerdos, por su carne y la grasa que se usaba para hacer jabones. Los niños ayudaban en lo que podían;

Mientras estaban en la misión, todos tenían diferentes tareas. Los hombres a menudo aprendían a trabajar la tierra, arar y sembrar cultivos.

pero destinaban gran parte del tiempo a estudiar con los frailes el cristianismo y el español.

LIBERTAD PERDIDA

Cuando los *luiseños* llegaron a la Misión de San Luis Rey de Francia, tuvieron que dejar su propia cultura y aprender un estilo de vida totalmente nuevo. Acostumbrados anteriormente a hallar sus propios alimentos y producir solo lo que la tribu necesitaba, los *luiseños* tuvieron que aprender a vivir en un ambiente nuevo, incluyendo un nuevo idioma y a usar vestimenta diferente. Muchos no querían seguir el horario estricto que tenía la misión ni producir alimentos u otros bienes para una comunidad más grande; pero con frecuencia se les castigaba por eso.

Una vez bautizados, los neófitos perdían su libertad y debían hacer lo que los frailes les indicaran. No podían salir de los terrenos de la misión, y tampoco de las asistencias, a menos que tuviesen un permiso especial. Si trataban de escapar, los soldados los capturaban y devolvían a la misión. Los fugitivos frecuentemente eran golpeados y castigados por los soldados y los frailes.

Al inicio de 1799, los frailes les permitieron a los neófitos elegir *alcaldes,* quienes eran neófitos escogidos para la comunicación entre los frailes y los nativos. Los alcaldes eran las principales figuras de autoridad de las comunidades neófitas. Si un neófito no seguía las reglas, los alcaldes tenían permiso para disciplinarlo.

Se dice que los neófitos de la Misión de San Luis Rey de Francia recibieron un tratamiento mucho mejor que el recibido en cualquiera de las otras misiones. Fray Peyrí tenía un trato amable; así que muchos neófitos siguieron uniéndose a la misión. En 1825, año donde se alcanzó un pico de población, casi 3,000 personas llegaron a vivir allí. Esta cifra es tres veces mayor al promedio de población de la vida de la misión.

EL TRABAJO EN LA MISIÓN

Aunque a algunos neófitos no les gustaba recibir órdenes de los frailes, muchos se quedaron y trabajaron en la misión. San Luis Rey de Francia rápidamente se convirtió en un centro económico. Los neófitos construyeron un sistema de **riego** para llevar agua del río y los manantiales cercanos hasta la *lavandería,* o estación de lavado, de la misión. El agua se usaba para beber, lavar la ropa, bañarse, y además para regar y mantener los cultivos sanos.

7 Las dificultades en la misión

LA REVOLUCIÓN AFECTA LAS MISIONES

Las cosas comenzaron a cambiar para las misiones de Alta California en 1810, cuando Nueva España comenzó una lucha armada para obtener su independencia del Imperio español. España había enviado con anterioridad insumos y dinero a los frailes y soldados de las misiones para su manutención. Ahora, centrada en ganar la guerra, España no podía enviar más insumos ni pagar a todos aquellos españoles que trabajaban en la misión. Los soldados se enojaron y comenzaron a descargar su rabia en los neófitos. Esto molestaba a los frailes, quienes también se quejaron por estar obligados a suministrar alimentos a los soldados de los presidios cercanos, aun cuando los necesitaban las personas que vivían en la misión.

Durante estos tiempos difíciles, fray Bartolomé de Carranza, a cargo de la Misión de San Luis Rey de Francia junto con fray Peyrí, le escribió a fray Lasuén para solicitarle permiso de regresar a Nueva España. La vida en la misión era difícil; y el fraile se sentía aislado, y lejos de su hogar y su cultura. Fray Lasuén envió a un fraile llamado Gerónimo Boscana para reemplazar a fray Carranza. Dos frailes más, Jayme Escudé y Ramón Oblés, llegaron y se fueron entre 1811 y 1823; pero fray Peyrí siguió siendo leal a la misión.

DESCONTENTO

En 1810 hubo más descontento entre los frailes, el ejército y los neófitos. Ese año, los soldados del ejército insistieron en ingresar sin autorización a las tierras de la misión. Pusieron a pastar los caballos del presidio de San Diego en Las Flores, una de las asistencias de la Misión de San Luis Rey de Francia. Fray Peyrí se molestó y le escribió al gobernador José Arrillaga, para quejarse.

Mientras tanto, los neófitos continuaban construyendo. En 1811, se otorgó el permiso de hacer una nueva iglesia. Culminada en 1815, fue la última iglesia que se construyó en los terrenos de la misión; y fue la edificación más grande de Alta California en ese momento. Era especial, por ser una de las dos iglesias de misiones construida en forma de cruz. El reconocido arquitecto José Antonio Ramírez viajó hasta la misión para supervisar la construcción y el diseño del techo de la nueva iglesia.

En 1818, surgieron problemas en la zona de Monterey. Un corsario sudamericano, llamado Hipólito de Bouchard, y sus hombres amenazaron con tomar el presidio de Santa Bárbara. Los soldados que vivían allí con sus familias huyeron atemorizados. Muchos se refugiaron en la Misión de San Luis Rey de Francia y su asistencia, San Antonio de Pala.

DIVISIÓN DE LAS TIERRAS DE LA MISIÓN

En 1821, el conflicto armado entre España y Nueva España terminó cuando esta última ganó su independencia y se convirtió en México. El nuevo Gobierno introdujo cambios, especialmente en el sistema de misiones. Al principio, México había decidido devolver algunas tierras de la misión a los neófitos recientemente liberados para que las cultivaran, mientras que los funcionarios y los frailes mexicanos dirigían las misiones. Sin embargo, también se entregaron grandes terrenos de la misión a muchos funcionarios y pobladores. Mientras tanto, los rancheros corruptos se apoderaron de muchas de las tierras restantes de los nativos dejando a algunos exneófitos sin otras opciones que no fuesen trabajar para ellos. Indignados, muchos exneófitos dejaron del todo las misiones en busca de oportunidades en los *pueblos* o en los grupos nativos cercanos.

El destino de la misión cambió después de 1821, cuando México se formó como país.

FRAY PEYRÍ SE VA

Este cambio en la dirección del sistema de misiones también significó que ya no fuesen necesarios los frailes españoles que habían dirigido las comunidades de las misiones durante décadas. Muchos frailes fueron devueltos a España. En el caso de la Misión de San Luis Rey de Francia, fray Peyrí permaneció tanto como pudo; pero finalmente decidió regresar a su país natal antes de que la misión fuera destruida totalmente. No tenía el poder para detener al Gobierno mexicano.

En enero de 1832, después de treinta y cuatro años de servicio, fray Peyrí se fue de la Misión de San Luis Rey de Francia al amparo de la noche. Había intentado irse antes, pero los neófitos habían estado

Fray Peyrí bendice a los neófitos de la Misión de San Luis Rey de Francia cuando estos intentan seguir su barco a nado.

tan alterados que se lo habían impedido. La oscuridad le permitió desaparecer de manera disimulada y, junto con algunos soldados y dos neófitos, se trasladaron hasta un barco que los esperaba en la bahía de San Diego.

A la mañana siguiente, cuando los neófitos descubrieron que fray Peyrí se había ido, 500 *luiseños* cabalgaron hasta el puerto de San Diego. Llegaron justo cuando el barco de fray Peyrí, el *Pocahontas,* partía.

Fray Peyrí llevó a dos neófitos consigo a España, Pablo Tac y Agapito Amamix. Aunque ambos continuaron hasta Roma para hacerse frailes, desafortunadamente se enfermaron y murieron antes de que pudiesen terminar su preparación. Sin embargo, Pablo Tac, un joven sacerdote prometedor, describió con detalle su vida en la Misión de San Luis Rey de Francia; y antes de morir, en 1841, documentó más de 1200 palabras del idioma *luiseño.*

8 Secularización

LA SECULARIZACIÓN DE LA MISIÓN

El proceso de entregar el control de las misiones de los frailes católicos al Gobierno mexicano se conoció como secularización. En 1826, el gobernador José María de Echeandía, comenzó la secularización al liberar a los neófitos del control de los frailes; pero los indígenas todavía tenían que obedecer a funcionarios del Gobierno mexicano.

El 6 de enero de 1831, el gobernador Echeandía designó a un funcionario militar, el capitán Pablo de la Portilla, para dividir las tierras que rodeaban la Misión de San Luis Rey de Francia. Le indicaron que entregara 33 acres (13.4 hectáreas) a cada varón que tuviese más de veinte años de edad. El capitán Portilla intentó hacer cumplir en la Misión de San Luis Rey de Francia la obligatoriedad legal impuesta por el Gobierno mexicano a los nativos de California de trabajar en los campos. No obstante, después de pasar un mes en la misión, informó que los exneófitos no le prestaban atención; y muchos nativos se fueron en busca de oportunidades a otros lugares.

En 1833, el Gobierno aprobó leyes que exigían la inmediata secularización de todas las misiones, lo que las convirtió en pueblos. En 1834, la Misión de San Luis Rey de Francia fue oficialmente secularizada y entregada a administradores, quienes dividieron la tierra entre ellos mismos y no les dejaron casi nada a los *luiseños*.

DESORDEN EN LA MISIÓN

La secularización causó muchos problemas en la Misión de San Luis Rey de Francia. Se enviaron dos frailes, Antonio Ánzar y Vicente Pasqual Oliva, para que ocuparan el lugar de fray Peyrí como líderes de la misión. Los frailes descubrieron rápidamente que la mayor parte de los neófitos se habían ido, y aquellos que se habían quedado se rehusaban a hacer el trabajo que los frailes consideraban necesario para salvar la misión. Fray Oliva se sintió deprimido y casi enloqueció, ya que no había orden en la misión y las cosas marchaban muy mal.

LA VIDA DESPUÉS DE LA SECULARIZACIÓN

En 1846, un nuevo gobernador mexicano, llamado Pío Pico, vendió la Misión de San Luis Rey de Francia a los miembros de su familia. La

misión fue despojada de todos sus objetos valiosos, que se usaron para construir las casas de los pobladores. Luego, la misión fue ocupada durante la guerra entre los Estados Unidos y México, ocurrida entre 1840 y 1850. Las tropas estadounidenses, incluido el Batallón Mormón, vivieron en la misión. Utilizaron la iglesia como establo para los caballos y otros animales.

La misión finalmente formó parte de los Estados Unidos en 1850, cuando California se convirtió en un estado. Estados Unidos había ganado la guerra contra México y había reivindicado este territorio como parte de su victoria. Alrededor de 1860, se devolvió el control de las misiones a la Iglesia católica. La Misión de San Luis Rey de Francia fue abandonada hasta 1892, cuando un sacerdote franciscano llamado José Jeremiah O' Keefe comenzó a restaurarla para utilizarla como colegio de misioneros franciscanos.

Los neófitos que vivían en la misión se negaron a trabajar para los funcionarios gubernamentales y los frailes que habían reemplazado a fray Peyrí.

La misión se ha restaurado y es hoy un Hito Histórico Nacional que atrae a muchos visitantes todos los años.

9
La misión en la actualidad

RESTAURACIÓN DE LA MISIÓN

Fray O' Keefe y su orden de misioneros mexicanos, los Zacatecas, encontraron en la Misión de San Luis Rey de Francia un nuevo hogar. El 12 de mayo de 1893, el obispo Mora inauguró de nuevo la misión. Durante los siguientes diecinueve años, fray O' Keefe supervisó la **restauración** de la misión. Incluso después de su muerte, en 1915, la reconstrucción continuó.

LA MISIÓN, UN MONUMENTO HISTÓRICO

En las décadas de 1920 y 1930, los franciscanos habían restaurado la misión lo suficiente como para que pudiesen filmarse películas allí. Películas y programas de televisión como *The Pride of Palomar* (1922) y *Zorro* (1957) fueron filmados en la Misión de San Luis Rey de Francia, lo que la convirtió rápidamente en una atracción turística. Alrededor de 1931, la iglesia se asemejaba otra vez a su diseño original. Se restauraron los cuarteles de los soldados y la lavandería, en la década de 1950 y 1960. En 1970, el Departamento de Relaciones Interiores de Estados Unidos hizo de la misión un Hito Histórico Nacional. Actualmente, se están llevando a cabo esfuerzos para restaurar muchos cuadros y otros objetos que forman parte del rico pasado de la misión.

PRESERVANDO EL PASADO

La Misión de San Luis Rey de Francia sigue funcionando como misión en la actualidad. La tierra que la rodea ha cambiado mucho con el pasar de los años. Lejos de su tamaño original de más de 950,000 acres (384,451 hectáreas), la propiedad tiene hoy 55 acres (22 hectáreas); y sirve a la comunidad local como iglesia, centro de retiro y atracción turística. Cada fin de semana se realizan misas en la iglesia de la misión, donde la pila bautismal de cobre hecha por los neófitos aún está en exhibición.

En las antiguas habitaciones de los frailes, se encuentra un museo dedicado a la historia de la misión. Se observan objetos como cestas de los *luiseños*, **vestiduras** usadas por los frailes del siglo XVIII y XIX, obras de arte y una exhibición de la cocina de la misión. Hay objetos de todos los períodos de la vida de la misión, comenzando con los del pueblo *luiseño* antes de la llegada de los españoles.

EL CEMENTERIO

La Misión de San Luis Rey de Francia tiene su propio cementerio que data de 1798. Es el cementerio más antiguo que está aún en uso en el condado norte de San Diego. En 1830 se construyó un monumento en honor a los *luiseños* que construyeron la misión y a los muchos que fallecieron allí.

EL LEGADO DE LA MISIÓN DE SAN LUIS REY DE FRANCIA

Visitar la Misión de San Luis Rey de Francia nos hace recordar una de las épocas de mayor transformación de la historia de California. Aunque la misión cambió para siempre las vidas de miles de nativos; también fue parte de un sistema que atrajo pobladores a California, e hizo de esta el vibrante estado que es hoy.

10

Haz una maqueta de la misión

Para hacer tu propio modelo de la Misión de San Luis Rey de Francia, necesitarás:

- Cartón corrugado
- tijeras
- lámina de cartón pluma
- cinta adhesiva
- regla
- pega blanca
- pintura marrón clara
- pintura marrón rojizo
- pinturas verde y blanca
- pinceles
- macetas en miniatura
- plantas
- alambre
- campana en miniatura

INSTRUCCIONES

Se sugiere la supervisión de un adulto.

Paso 1: Utiliza un trozo grande de cartón corrugado para tu base.

Paso 2: Corta dos trozos de cartón pluma de 8" × 3" (20.3 cm x 7.6 cm) y dos trozos de 6" × 3" (15.2 cm x 7.6 cm).

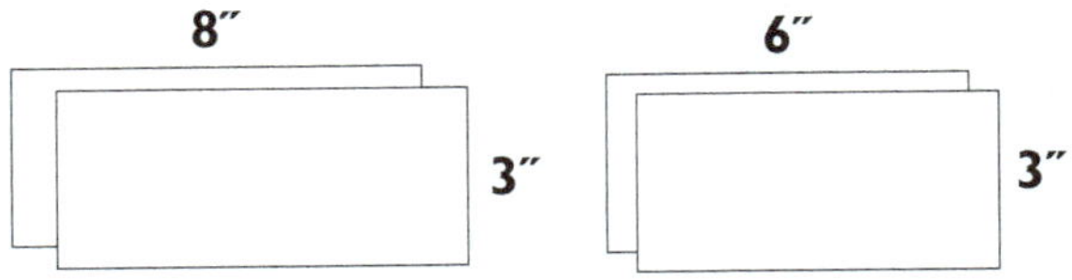

Paso 3: Corta cuidadosamente arcos en uno de los trozos de 8" × 3" (20.3 cm x 7.6 cm) de cartón pluma para hacer la fachada de tu misión.

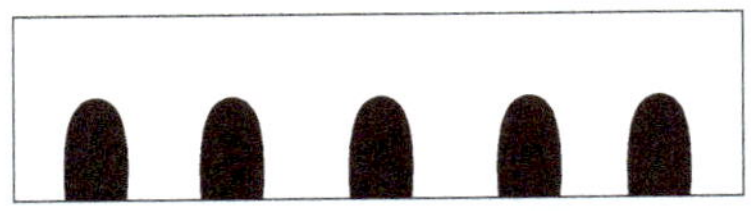

Paso 4: Coloca los trozos restantes de cartón pluma alrededor de la base de modo que tengan forma de caja. Únelos con cinta. Pega a la base de la misión.

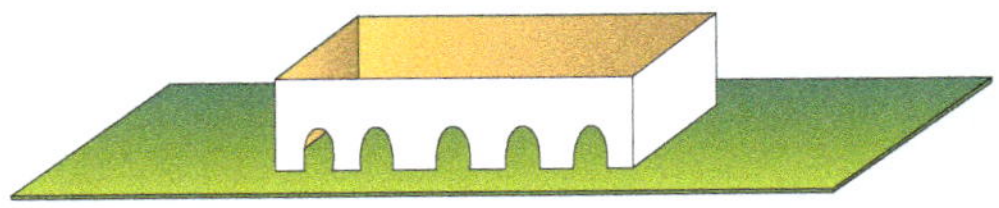

Paso 5: Corta doce trozos de cartón pluma de 3"× 2" (7.6 cm × 5.1 cm) y seis trozos de 3"× 1.5" (7.6 cm × 3.8 cm).

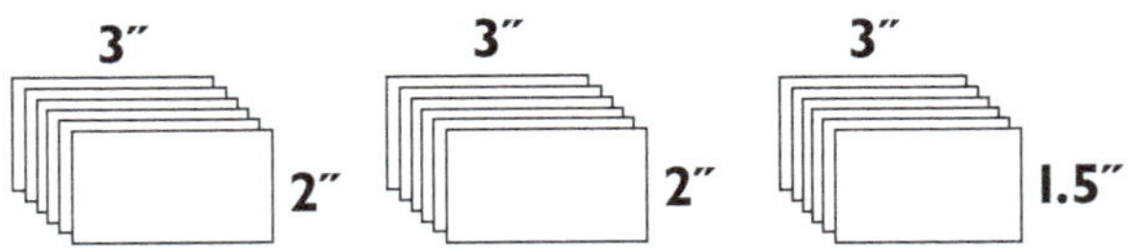

Paso 6: Pega con cinta dos trozos de cartón pluma de 3"× 2" (7.6 cm × 5.1 cm) y un trozo de 3"× 1.5" (7.6 cm × 3.8 cm) como los tres lados de una caja. Repite con todos los trozos para formar seis cajas de tres lados.

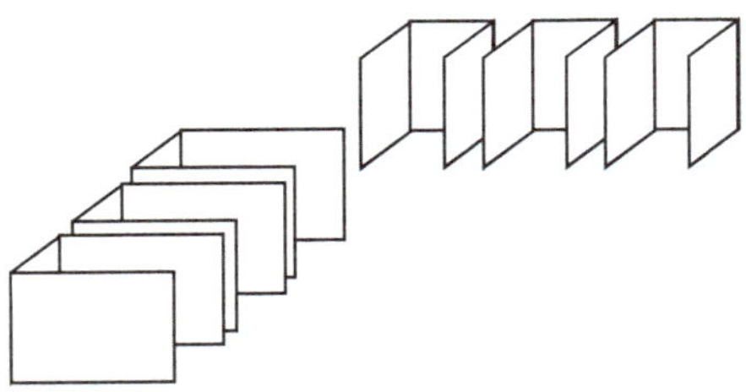

Paso 7: Pega con cinta tres de estas cajas en el lado derecho de la edificación y tres en la parte posterior, como se ilustra.

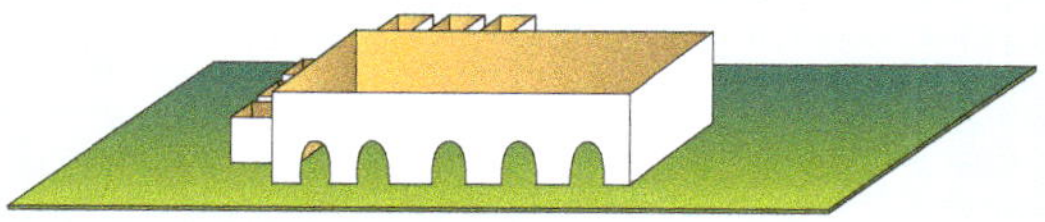

Paso 8: Para hacer la iglesia y el campanario, corta cuatro trozos de cartón pluma 3"× 3" (7.6 cm × 7.6 cm) y ocho de 1.5"× 3" (3.8 cm × 7.6 cm).

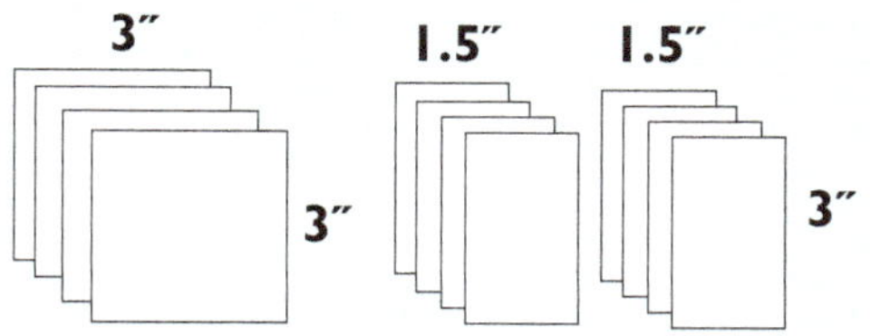

Paso 9: Pega con cinta dos trozos de cartón pluma de 3"× 3" (7.6 cm × 7.6 cm) y uno de 1.5"× 3" (3.8 cm × 7.6 cm) para formar los tres lados de una caja. Pega en el lado izquierdo de la misión.

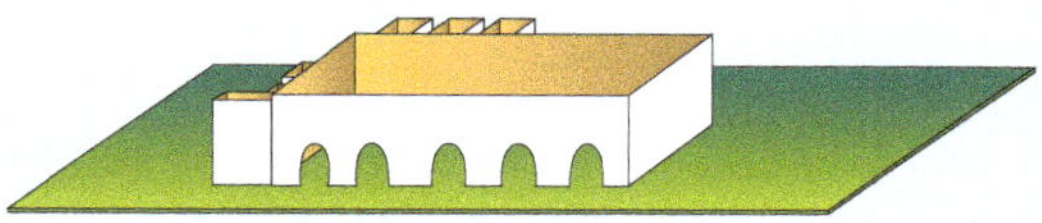

Paso 10: Pega con cinta dos trozos de cartón pluma de 3"× 3" (7.6 cm × 7.6 cm) y tres de 1.5"× 3" (3.8 cm × 7.6 cm) para formar una "L". Pega la "L" en el lado derecho de la iglesia.

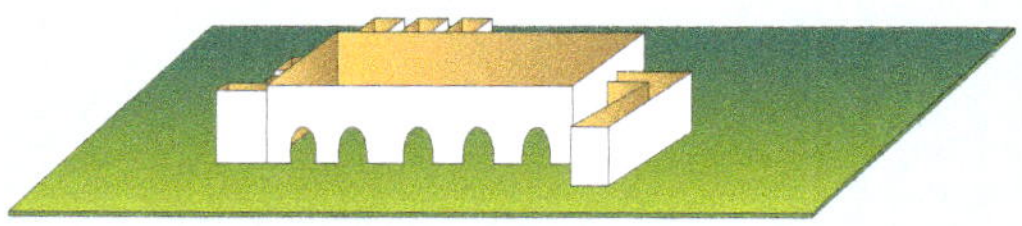

Paso 11: Para hacer el campanario de la iglesia, utiliza los cuatro pedazos restantes que miden 1.5"× 3" (3.8 cm × 7.6 cm). Une con cinta en forma de cuadrado y coloca sobre la primera caja.

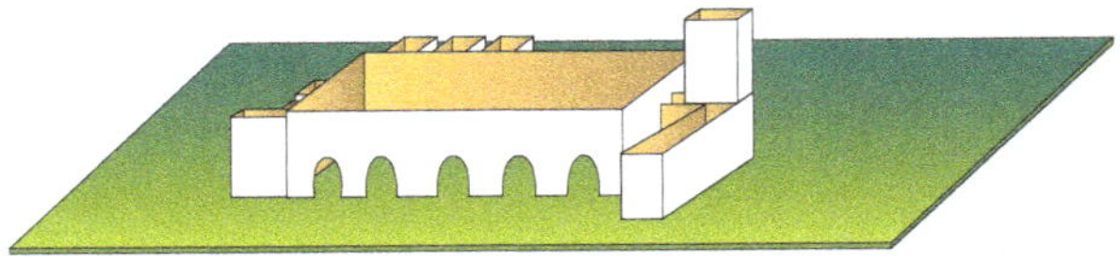

Paso 12: Corta dos trozos de cartón pluma de 3"× 3" (7.6 cm × 7.6 cm) y un trozo de 2"× 3" (5.1 cm × 7.6 cm). Une con cinta estas piezas como los tres lados de una caja y pégalos en el frente, lado derecho de la edificación principal.

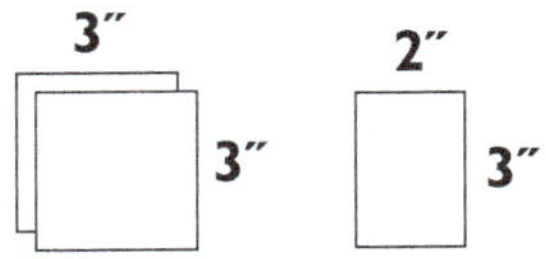

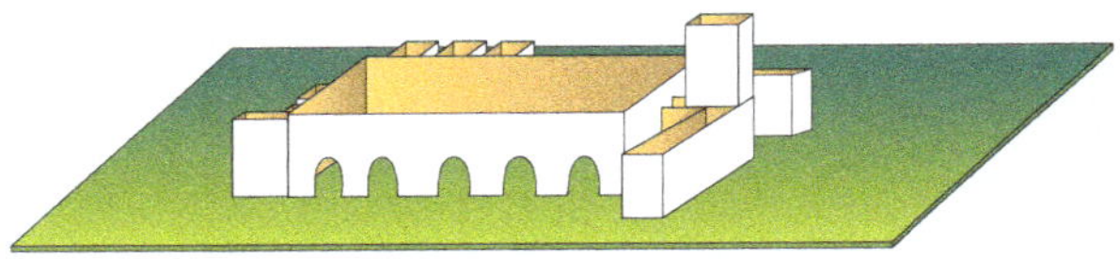

Paso 13: Para hacer los techos, corta dos trozos de cartón corrugado de 2"× 8" (5.1 cm × 20.3 cm) y dos de 2"× 6" (5.1 cm × 15.2 cm) para la edificación principal. Para las edificaciones pequeñas, corta los techos de cartón corrugado de 2"× 2" (5.1 cm × 5.1 cm)

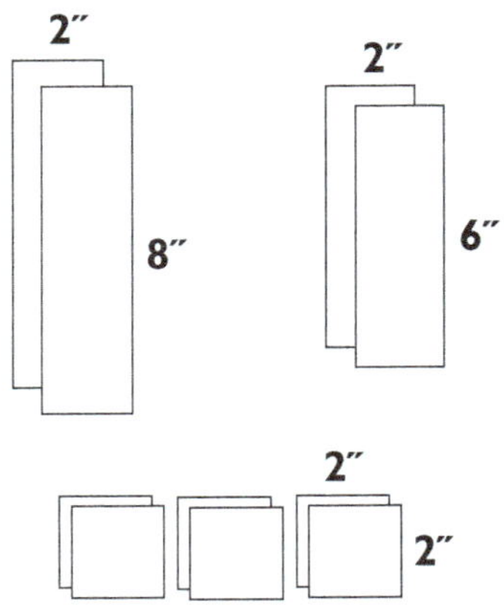

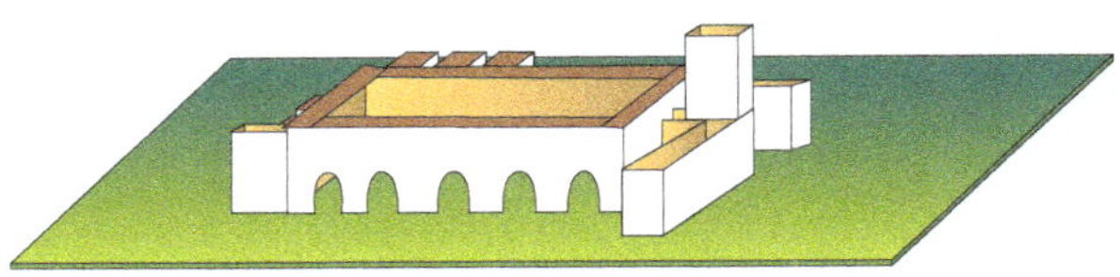

Paso 14: Para la iglesia, corta dos techos de cartón corrugado de 1.5"× 1.5" (3.8 cm × 3.8 cm). Para el campanario de la iglesia, corta un trozo de 2"× 4" (5.1 cm × 10.2 cm) y dóblalo por la mitad. Une todas las piezas y pégalas en su lugar. Deja que el modelo se seque totalmente.

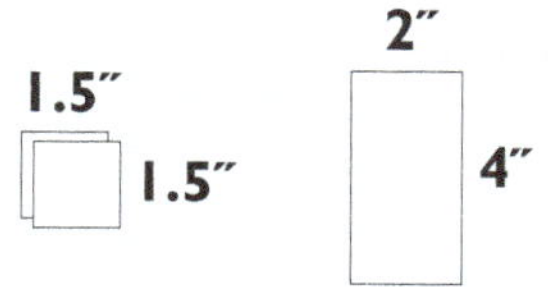

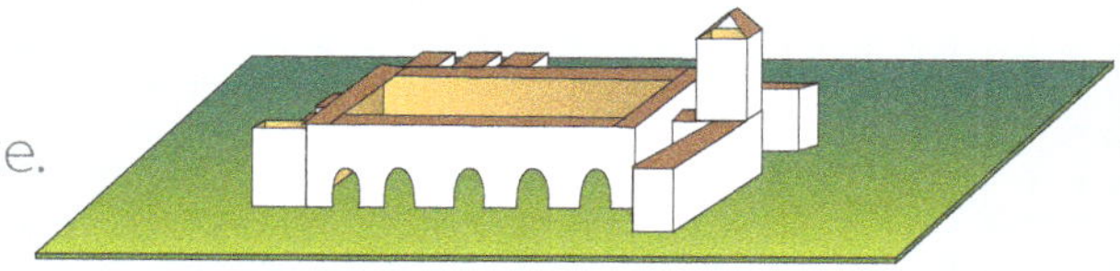

Paso 15: Coloca la campana en la torre. Agrega las macetas en miniatura y llena con plantas. Pinta tu misión como desees.

Maqueta de la Misión de San Luis Rey de Francia ya terminada.

Fechas clave en la historia de las Misiones

1492	Cristóbal Colón llega a las Indias Occidentales
1542	Expedición de Cabrillo a California
1602	Sebastián Vizcaíno navega a California
1713	Nace fray Junípero Serra
1769	Fundación de San Diego de Alcalá
1770	Fundación de San Carlos Borromeo del Río Carmelo
1771	Fundación de San Antonio de Padua y San Gabriel Arcángel
1772	Fundación de San Luis Obispo de Tolosa
1775-76	Fundación de San Juan Capistrano
1776	Fundación de San Francisco de Asís
1776	Se firma la Declaración de Independencia

1777	Fundación de Santa Clara de Asís
1782	Fundación de San Buenaventura
1784	Fallece fray Serra
1786	Fundación de Santa Bárbara
1787	Fundación de La Purísima Concepción
1791	Fundación de La Santa Cruz y Nuestra Señora de la Soledad
1797	Fundación de San José, San Juan Bautista, San Miguel Arcángel y San Fernando Rey de España
1798	Fundación de San Luis Rey de Francia
1804	Fundación de Santa Inés
1817	Fundación de San Rafael Arcángel
1823	Fundación de San Francisco Solano
1833	México aprueba la Ley de Secularización
1848	Se encuentra oro en el norte de California
1850	California se convierte en el estado número treinta y uno

Glosario

adobe; Ladrillos hechos de paja, lodo, y algunas veces estiércol, que se secan al sol.

bautismo: Ceremonia en la cual una persona acepta la fe cristiana y es aceptada en ella.

catolicismo: Fe o práctica del cristianismo católico, que implica seguir el liderazgo espiritual de sacerdotes encabezados por el Papa.

convertirse: Cambiar de creencia en una religión a otra.

cristianismo: Religión que se fundamenta en las enseñanzas de Jesucristo y la Biblia, practicada por grupos católicos orientales, católicos romanos y protestantes.

cuarteles: Una edificación o conjunto de edificaciones que se utilizan para albergar a los soldados.

frailes: Hermanos de una orden religiosa comunitaria. Los frailes también pueden ser sacerdotes.

franciscano: Fraile perteneciente a una orden comunitaria católica romana, que sigue las enseñanzas y el ejemplo de su fundador, san Francisco de Asís.

indígenas: Personas nacidas en una región o ambiente particular.

neófito: Nombre dado a un indígena bautizado en la fe cristiana.

restauración: Trabajo para devolver algo, como una edificación, a su condición original.

riego: Sistema ideado para suministrar agua a un área.

secularización: Cuando la dirección de los terrenos de la misión pasó a manos del Gobierno mexicano.

virrey: Gobernador que rige y actúa como representante del rey.

Guía de pronunciación

alcaldes (ahl-KAHL-des)
fray (FRAY)
lavandería (lah-ban-deh-REE-ah)
monjerío (mohn-hay-REE-oh)
pauhits (POW-eetz)
pueblos (PWAY-blohz)
ranchería (rahn-cheh-REE-ah)
siesta (see-EHS-tah)
wamkish (WAHM-kish)

Para mayor información

Para conocer más sobre las misiones de California, consulta estos libros y páginas web:

LIBROS

Gendell, Megan. *The Spanish Missions of California*. New York, NY: True Books, 2010.

Lemke, Nancy. *Southern Coast Missions of California*. Minneapolis, MN: Lerner Publishing, 2008.

Levick, Melba, Stanley Young, and Sally B. Woodridge. *The Missions of California*. San Francisco, CA: Chronicle Books, 2004.

Padelsky, Londie. *California Missions*. Ketchum, ID: Stoecklein Publishing, 2006.

SITIOS DE INTERNET

California Missions Foundation

www.californiamissionsfoundation.org

Esta página web ofrece una cronología, información histórica y noticias actuales sobre los proyectos de renovación que se están ejecutando en la misión.

California Missions Resource Center

www.missionscalifornia.com

Esta página web ofrece datos esenciales sobre la misión, una cronología y una galería de fotos.

Página web oficial de la Misión de San Luis Rey de Francia

www.sanluisrey.org

Esta página web contiene información histórica y una lista actualizada de talleres, retiros, horario de los museos y más eventos de la Misión de San Luis Rey de Francia.

Índice

Los números de las páginas en **negrilla** son ilustraciones.